눈 내리는 마을

한 국 대 표
명　　시　　선
1　　0　　0

오 탁 번

눈 내리는 마을

시인생각

## ■ 시인의 말

마음에 쏙 드는 시선집 하나 내고 싶었다.
 알콩달콩 우리말의 숨결이 자지러지는 시에 나는 내 목숨을 준다.
 한 시인이 일생 동안 수백 편의 시를 발표하지만 백년 후에 과연 몇 편의 작품이 살아남을 수 있을까.
 시와 1:1로 마주서 있는 내 모습이 처연하다.

 간밤에 잣눈이 내렸다.

2013년 정월<br>오 탁 번

# ■ 차 례 ─────────── 눈 내리는 마을

**시인의 말**

## 1
두레반   13
추석   14
그 옛날의 사랑   16
밥 냄새 1   18
밥 냄새 2   20
작은어머니   22
손님 1   23
손님 2   24
밤   26
설날   27

한국대표명시선100  오탁번

## 2

사랑하고 싶은 날　31
눈 내리는 마을　32
벙어리장갑　34
메롱메롱　36
달걀　38
술래잡기　40
기차　42
액막이연　44
춘일　46
실비　47

# 3

1미터의 사랑   51

백두산 천지   52

타지마할   54

서호의 여인   56

해후   58

태초 후 45억년   60

접문   62

연애   64

명사산   66

사랑 사랑 내 사랑   67

# 4

백담사　71

굴비　72

죽음에 관하여　74

순간　76

낭모칸천　77

미당을 위하여　78

불두화　80

남근　82

해피 버스데이　84

폭설　86

## 5

원서헌　91
산수화　92
돌　93
아기공룡발자국　94
차일　96
자명종을 재우며　98
가시오가피　100
블랙홀　102
감자밭　104
설한　106

**오탁번 연보**　107

1

두레반

 잣눈이 내린 겨울 아침, 쌀을 안치려고 부엌에 들어간 어머니는 불을 지피기 전에 꼭 부지깽이로 아궁이 이맛돌을 톡톡 때린다 그러면 다스운 아궁이 속에서 단잠을 잔 생쥐들이 쪼르르 달려 나와 살강 위로 달아난다

 배고픈 까치들이 감나무 가지에 앉아 까치밥을 쪼아 먹는다 이 빠진 종지들이 달그락대는 살강에서는 생쥐들이 주걱에 붙은 밥풀을 냠냠 먹는다 햇좁쌀 같은 햇살이 오종종히 비치는 조붓한 우리 집 아침 두레반

# 추석

벌초를 해서 깎은 머리가 된
추석 무렵의 무덤들이
띠앗 좋은 오누이처럼
왕겨 빛 가을 햇볕 아래
도란도란 다정하다
깊은 산 명당 터에서
오랜 저승의 잠을 자다가
마을 가까운 산밭으로
문득 이장된 무덤들이
앉음앉음 저마다 반듯하다
무덤 파헤치는 산짐승을 피하여
자손들이 벌초하기 편한 곳으로
사늘한 한지에 싸여 옮겨진
할아버지 할머니들이
아침 이슬 반짝일 때면
빤히 보이는 마을이 하도 반가워
이슬 빛 눈물 글썽인다
혈이 딱 맺힌 명당에 묻혀
자손들 출세하기만 빌던
할아버지 할머니들이

촉루가 된 세월 잊어버리고
이승의 가마솥에서 피어나는
송편 찌는 솔잎 냄새에
입맛을 쩝쩝 다신다
정말로는 자시지도 못하면서
뭘 그러시냐고
잠자리와 방아깨비들이 날아와서
버릇없는 돌쟁이 손자처럼
자꾸 간지럼 먹인다

## 그 옛날의 사랑

지붕 위에 널린 빨간 고추의 매운 뺨에
가을 햇살 실고추처럼 간지럽고
애벌레로 길고 긴 세월을 땅속에 살다가
우화되어 하늘을 날으는 쓰르라미의
짧은 생애를 끝내는 울음이
두레박에 넘치는 우물물만큼 맑을 때
그 옛날의 사랑이여
우리들이 소곤댔던 정다운 이야기는
추석 송편이 솔잎 내음 속에 익는 해거름
장지문에 창호지 새로 바르면서
따다가 붙인 코스모스 꽃잎처럼
그때의 빛깔과 향기로 남아 있는가
물동이 이고 눈썹 훔치면서 걸어오던
누나의 발자욱도
배추흰나비 날아오르던
잘 자란 배추밭의 곧바른 밭이랑도
그 자리에 그냥 있는가
방물장수가 풀어놓던
빨간 털실과 오디빛 참빗도
어머니가 퍼주던 보리쌀 한 되만큼 소복하게

다들 그 자리에 잘 있는가
툇마루에 엎드려
몽당연필에 침 발라가며 쓴
단기 4287년 가을 어느 날의 일기도
마분지 공책에
깨알처럼 그냥 그대로 있는가
그 옛날의 사랑이여

## 밥 냄새 1


하루걸러 어머니는 나를 업고
이웃 진외가 집으로 갔다
지나다가 그냥 들른 것처럼
어머니는 금세 도로 나오려고 했다
대문을 들어설 때부터 풍겨오는
맛있는 밥 냄새를 맡고
내가 어머니의 등에서 울며 보채면
장지문을 열고 진외당숙모가 말했다
―언놈이 밥 먹이고 가요
그제야 나는 울음을 뚝 그쳤다
밥소라에서 퍼주는 따끈따끈한 밥을
내가 하동지동 먹는 걸 보고
진외당숙모가 나에게 말했다
―밥 때 되면 만날 온나

아, 나는 이날 이때까지
이렇게 고운 목소리를 들어본 적이 없다
태어나서 젖을 못 먹고
밥조차 굶주리는 나의 유년은
진외가 집에서 풍겨오는 밥 냄새를 맡으며
겨우 숨을 이어갔다

## 밥 냄새 2

남북이산가족 상봉을 방송하는 TV에서
진외육촌형의 얼굴을 보았다
남녘의 예순아홉 살 우섭이 형이
일흔두 살 북녘의 우문이 형을 만나
펑펑 울고 있었다

진외육촌 형들의 밥을
나에게 나누어주던 진외당숙모는
북녘의 아들을 끝내 못 보고
이승을 버렸다

이승저승 다 해도
가장 어여쁜 진외당숙모는
아들들의 눈물이 은하수 되어
아득한 저승까지 흐르는 것을
이제는 두렷이 보고 계실까

어릴 적 밥 냄새가 이냥 그리워
아직도 보채는 예순 살 나를 보고
—밥 때 되면 만날 온나
진외당숙모가 하시는 말씀이
이승저승 물들이며 들려오는데

작은어머니




푸새한 무명 뙤약볕에 말려서
푸푸푸 물 뿜는
작은어머니의 이마 위로
고운 무지개가 피어오르고
보리저녁이 되면
어미젖 보채는 하릅송아지처럼
나는 늘 배가 고팠다

안질이 나서 눈곱이 심할 때
작은어머니가
쏴쏴쏴 요강 소리 그냥 묻은
당신의 오줌을 발라주면
내 눈은 이내 또록또록해졌다

초등학교 마칠 때까지
작은어머니의 젖을 만지며 잤다
회임 한 번 못한 채 젊어 홀로 된
작은어머니의 예쁜 젖가슴은
가위눌림에 정말 잘 듣는
싹싹한 약이 되었다

# 손님 1

흰 두루마기를 입은 노인이
우리 집 사립 앞에서 큰기침을 했다
—이리 오너라!
동무들과 소꿉놀이를 하던 나는
바느질하는 어머니에게 달려갔다

어머니는 바늘겨레에 바늘을 꽂으며 말했다
—누구시냐고 여쭈어라!
어머니의 목소리가 사립에 닿자마자
우리 집을 찾아온 노인이 대꾸했다
—충주 오 생원이라고 여쭈어라!

어머니는 방문을 열고
섬돌로 내려서며 반갑게 말했다
—당숙 어른 아니세요? 어서 오세요
노인은 큰기침을 하면서 들어왔다
어린 흰둥개도 덩달아
섬돌까지 따라오며 꼬리를 쳤다

## 손님 2

손님이 온 날 저녁이면
형과 누나는 보리밥을 먹었지만
손님과 나는 겸상으로
흰밥을 맛있게 먹었다

사랑에서 묵은 손님은
아침밥을 먹자마자 횡허케 갔다
어머니는 노자나 하라면서
달걀 한 꾸러미 판 돈을 손에 쥐어주었다

문중 시향 모시는 일이나
선산 면례하는 일 때문이 아니라
여기저기 일가집을 그냥 들르는
의지가지없는 노인이라지만

보름에도 그믐에도
흰 두루마기 입은 손님이 와서
―이리 오너라
큰기침했으면 좋겠다
―누구시냐고 여쭈어라!

섬돌 아래 하인이 정말 서 있다는 듯
어머니가 이렇게 말했으면 좋겠다

나는 손님과 겸상해서
흰밥을 냠냠 먹으며
흰 두루미 날아오는 세상 이야기를
사뭇 들을 테니까

# 밤

할아버지 산소 가는 길
밤나무 밑에는
알밤도 송이밤도
소도록이 떨어져 있다

밤송이를 까면
밤 하나하나에도
다 앉음앉음이 있어
쭉정밤 회오리밤 쌍동밤
생애의 모습 저마다 또렷하다

한가위 보름달을
손전등 삼아
하느님도
내 생애의 껍질을 까고 있다

## 설날

설날 차례 지내고
음복 한 잔 하면
보고 싶은 어머니 얼굴
내 볼 물들이며 떠오른다

설날 아침
막내 손 시릴까 봐
아득한 저승의 숨결로
벙어리장갑을 뜨고 계신

나의 어머니

# 2

## 사랑하고 싶은 날

앵두나무 꽃그늘에서
벌떼들이 닝닝 날면
앵두가 다람다람 열리고
앞산의 다래나무가
호랑나비 날갯짓에 꽃술을 털면
아기 다래가 앙글앙글 웃는다

태초 후
45억 년쯤 지난 어느 날
다랑논에서 올벼가 익어갈 때
청개구리의 젖은 눈알과
알밴 메뚜기의 볼때기에
저녁노을 간지럽다

된장독에 쉬 슬어놓고
앞다리 싹싹 비벼대는 파리도
거미줄 쳐놓고
한나절 그냥 기다리는
굴뚝빛 왕거미도
다 사랑하고 싶은 날

## 눈 내리는 마을

건넛마을 다듬이 소리가
눈발 사이로 다듬다듬 들려오면
보리밭의 보리는
봄을 꿈꾸고
시렁 위의 씨옥수수도
새앙쥐 같은 아이들도
잠이 든다

꿈나라의 마을에도
눈이 내리고
밤마실 나온 호랑이가
다디단 곶감이 겁이 나서
어흥어흥 헛기침을 하면
눈사람의 한쪽 수염이
툭 떨어져서 숯이 된다

밤새 내린 눈에
고샅길이 막히면
은하수 물빛 어린 까치들이
아침 소식을 전해 주고
다음 빙하기가 만년이나 남은
눈 내리는 마을의 하양 지붕이
먼 은하수까지 비친다

## 벙어리장갑

여름내 어깨순 집어준 목화에서
마디마디 목화꽃이 피어나면
달콤한 목화다래 몰래 따서 먹다가
어머니한테 나는 늘 혼났다
그럴 때면 누나가 눈을 흘겼다
―겨울에 손 꽁꽁 얼어도 좋으니?
서리 내리는 가을이 성큼 오면
다래가 터지며 목화송이가 열리고
목화송이 따다가 씨아에 넣어 앗으면
하얀 목화솜이 소복소복 쌓인다
솜 활끈 튕기면 피어나는 솜으로
고치를 빚어 물레로 실을 잣는다
뱅그르르 도는 물렛살을 만지려다가
어머니한테 나는 늘 혼났다
그럴 때면 누나가 눈을 흘겼다
―손 다쳐서 아야 해도 좋으니?
까치설날 아침에 잣눈이 내리면
우스꽝스런 눈사람 만들어 세우고
까치설빔 다 적시며 눈싸움한다
동무들은 시린 손을 호호 불지만

내 손은 눈곱만큼도 안 시리다
누나가 뜨개질한 벙어리장갑에서
어머니의 꾸중과 누나의 눈 흘김이
하얀 목화송이로 여태 피어나고
실 잣는 물레도 이냥 돌아가니까

## 메롱메롱

팟종에서 파씨가 까맣게 떨어지자
깨알 쏟아지는 줄 알고
종종종 달려가는 노랑 병아리가
참말 우습지?
쇠파리 쫓는 어미소 꼬리에 놀라
냅다 뛰는 젖 뗄 때 된 송아지처럼
내 유년의 꿈이 내달리던 들녘은
옥수수염처럼 볼을 간질이며
메롱메롱 자꾸만 속삭인다
장수잠자리 한 마리 잡아서
호박꽃 꽃가루 묻혀 날리면
제 짝인 줄 알고 날아와 잡히는
수컷 장수잠자리도
용용 쌤통이지?

내 유년의 꿈을 실은 장수잠자리가
투명한 헬리콥터 타고
커다란 겹눈 반짝이며
꿈결 속 하늘로 날아온다
호적등본에나 남아있는 줄 알았던

추억의 비행장에서는
까망 파씨와 종종종 병아리와
금빛 송아지와 별별 장수잠자리가
날마다 꿈마다 뜨고 내린다
밤송이머리에 중학생 모자 쓰고
떠나온 고향 길섶에
심심하게 피어있는 민들레도
홀씨 하얗게 하늘로 날리며
메롱메롱 나를 부른다

## 달걀

「메롱메롱」이라는 시를 쓰면서
밥 먹으면서도 오줌 누면서도
고치고 또 고쳤네
잡지 ≪口≫에 팩스로 보낸 다음
그래도 맘이 놓이지 않아
'현대시선독' 강의시간에
학생들한테서 최종 강평을 받으려고
부랴부랴 작품을 복사하기로 했네
이천백 원 건네주고 받아든
「메롱메롱」을 복사한 A4 60부가
복사기 열이 그대로 남아 따듯했네
아 내 영혼에서 갓 꺼낸 따근따근한 시여

그때 따근따근한 달걀이 문득 생각났네
암탉이 둥주리에서 꼬꼬댁꼬꼬댁 내려오면
쪼르르 달려가서 꺼내오던
달걀의 온기가 손에 전해져 왔네
달걀 한 꾸러미 장날에 내다 팔아서
문화연필이랑 유엔성냥을 사던
어린 시절이 떠올랐네

셈본시험 백 점 받아온 날이면
아나 이건 너 먹어라 하면서 어머니가 주시던
빨간 피도 살짝 묻은 갓 낳은 달걀이
따근따근한 온기를 그냥 지니고
「메롱메롱」이라는 시가 되어 나온 것일까

"메롱" 하며 혀를 쏙 내민
아이들의 말을 흉내 내며 쓴 시에는
'추억의 비행장에서는
까망 파씨와 종종종 병아리와
금빛 송아지와 별별 장수잠자리가
날마다 꿈마다 뜨고 내린다'라는
참말 우스운 말이 있다네
'별별 장수잠자리'의 간질간질한 뜻을
☆☆을 칠판에 그려가며 설명하니까
학생들이 눈을 커다랗게 떴네
따끈따끈한 달걀 하나씩 받아든 교실에
별 둘 단 장수잠자리가 막 날아다녔네

## 술래잡기

―하날때, 두알때, 사마중, 날때,
 육낭거지, 팔때, 장군, 고드래뽕!
술래를 정하느라고 떠드는 소리가
토란잎 때리는 빗방울처럼 영롱한데
가위, 바위, 보 잘못 내는 바람에
에이 참, 그만 내가 술래가 된다
―꼭꼭 숨어라 머리카락 보인다!
가쁘게 외치고 나서
동동걸음으로 숨은 동무들을 찾는데
빨랫줄에 앉은 고추잠자리만
제풀에 날아올랐다 이내 앉는다
일렁이는 감나무 그림자도
굴뚝새 날아오는 검은 굴뚝도
이냥 아슴푸레해지는 해거름,
저녁놀 반짝이는 장독대 사이로
나붓나붓 순이 머리카락이 보인다
까치걸음으로 몰래 다가가서
바둑머리를 톡 때리자
혀를 날름대며 나를 놀린다
―일부러 잡혀준 거야! 메롱!

숨을 데를 찾으며 생각해 본다
―쟤처럼 나도 그냥 잡혀줄까?
뒤안으로 뛰어가 토란잎 뒤에
궁둥이가 다 보이게 숨었는데도
순이는 나를 단박에 잡지 않는다
나 혼자 괜히 좀이 쑤시는 사이
나비 한 마리 내 뺨에 살포시 앉는다

# 기차

할머니가 부산하게 비설거지하고
외양간 하릅송아지도 젖을 보챌 때면
저녁연기가 아이들 복숭아뼈 적시며
섬돌 아래 고샅길로 낮게 퍼졌다
숙제 끝내고 토끼풀도 다 뜯어다주고
심심해서 사물사물해졌을 때
산 너머 기차 소리가 들려오면
몽당연필에 마분지 공책 들고
아이들은 앞산 등성이로 달려갔다
까치발 암만해도 기차는 보이지 않고
두엄더미 지렁이울음처럼
기차소리만 치치포포 하릿하게 들렸다
기차를 한 번도 본 적이 없지만
귀를 모으고 기차소리 들으며
재바르게 기차 그림을 그렸다
여물통 같은 기차, 달구지 같은 기차!
개다리소반 같은 기차, 바소쿠리 같은 기차!
아이들은 기차소리를 그리며
멀고 먼 나라로 가는 기차표를 끊었다
손에 쥔 기차표 하뭇해하며

아득한 미리내 여울 건너듯
저녁연기 밟으며 돌아올 때면
깜깜해진 비구름이 빗방울 흩뿌리며
쏭당쏭당 개찰하듯 기차표를 적셨다

## 액막이연

내내 썰매 타고 눈싸움만 하느라
색동 설빔은 그만 얼룩이 다 졌지만
정월 대보름 아침이 밝아오면
부럼을 깨물고 더위도 팔고
고드름 따먹으며 고샅길을 내달린다
저녁이 되어 보름달이 둥실 떠올라
온 동네는 백야처럼 환해지고
돌담가 달집에 불을 놓으면
달집에 쌓인 생솔가지가 불타며
냄비 속 쥐이빨 옥수수 튀는 소리를 낸다

달빛이 눈처럼 희디희어
올여름 장마 걱정하면서
방패연에 이름과 생일 또박또박 적는다
허릿대 대오리도 팽팽한 방패연에
하늘길 노자할 동전 한 닢과
누에고치를 매달아 불을 붙이고
얼레의 연줄 죄다 풀어서
액막이! 액막이! 외치며 연을 날린다

액막이연은
제 목숨 다하는 줄도 모르고
창과 방패 쥐고 출전하는 무사처럼
달빛 넘치는 하늘로 높이 날아오른다
불에 타는 고치가 마지막 잉걸처럼
공중에서 아스라이 깜박일 때
연줄이 툭 끊어지며
방패연은 되뚱되뚱 내 액운을 싣고
까마득한 하늘길로 떠나버린다

액막이연 하늘 높이 날아갔으니
구구단 받아쓰기 죄다 백 점 맞고
키도 쑥쑥 자라서
올해는 보릿고개 잘 넘어가면 좋겠다
불장난 많이 한 대보름 밤
잠이 들면
잣눈이 내린 고샅길을 지나
키 쓰고 소금 얻으러 가는 꿈을 꾼다

## 춘일

풀귀얄로
풀물 바른 듯
안개 낀 봄산

오요요 부르면
깡종깡종 뛰는
쌀강아지

산마루 안개를
홑이불 시치듯
호는
왕겨빛 햇귀

# 실비

비 내릴 생각 영 않는
게으른 하느님이
소나무 위에서 낮잠을 주무시는 동안

쥐눈이콩만 한 어린 수박이
세로줄 선명하게 앙글앙글 보채고
뙤약볕 감자도 옥수수도
알랑알랑 잎사귀를 흔든다

내 마음의 금반지 하나
금빛 솔잎에 이냥 걸어두고
고추씨만 한 그대의 사랑 너무 매워서
낮결 내내 손톱여물이나 써는 동안

하느님이 하늘로 올라가면서
재채기라도 하셨나
실비 뿌리다가 이내 그친다

3

# 1미터의 사랑

석 자 가웃 되는 1미터의 정확한 길이는
빛이 진공 속에서 2억 9천9백7십9만 2천4백
58분의 1초 동안 진행된 거리라고 하는데,
그대와 나 사이에 가로놓인 그리움의 거리는
베틀 위의 팽팽한 눈썹줄이 잉아에 닿을 때
북에서 풀리는 비단실의 떨림이라도 되는지,
우리들 사랑의 이 영겁과도 같이 멀기만 한
닿을 수 없는 허기진 목숨의 허공 속에는
칠월 초이렛날 미리내를 날으는 까막까치의
하마하마 기다리던 날갯짓 소리 가득하지만,
내 약지를 그대의 약지에 마주 비벼서
10조 분의 1미터의 목마름 죄다 지우고
운석 떨어지고 화광 박히는 우주 속에서
미리내를 건너는 그리움이 금빛으로 물들 때,
아스라한 길녘 어느 1미터의 물이랑 위에
지필묵과 화살과 실타래 가지런히 놓아서
애비에미 이별은 나비잠 속에서도 꿈꾸지 않을
외씨 같은 젖니 난 우리 아기의 첫돌을 잡히고

## 백두산 천지

1

하늘과 땅 사이가 너무 가까워 장백소나무 종비나무 자작나무 우거진 원시림 헤치고 백두산 천지에 오르는 순례의 한나절에 내 발길 내딛을 자리는 아예 없다 사스래나무도 바람에 넘어져 흰 살결이 시리고 자잘한 산꽃들이 하늘 가까이 기어가다 가까스로 뿌리내린다 속손톱만한 하양 물매화 나비날개인 듯 바람결에 날아가는 노랑 애기금매화 새색시의 연지빛 곤지처럼 수줍게 피어있는 두메자운이 나의 눈망울 따라 야린 볼 붉히며 눈썹 날린다 무리를 지어 하늘 위로 고사리 손길 흔드는 산미나리아재비 구름국화 산매발톱도 이제 더 가까이 갈 수 없는 백두산 산마루를 나 홀로 이마에 받들면서 드센 바람 속으로 죄지은 듯 숨죽이며 발걸음 옮긴다

2

솟구쳐 오른 백두산 멧부리들이 온뉘 동안 감싸 안은 드넓은 천지가 눈앞에 나타나는 눈 깜박할 사이 그 자리에서 나는 그냥 숨이 막힌다 하늘로 날아오르려는 백두산 그리메가 하늘보다 더 푸른 천지에 넉넉한 깃을 드리우고 메꽃은

우렛소리 지나간 여름 한나절 아득한 옛 하늘이 내려와 머문 천지 앞에서 내 작은 몸뚱이는 한꺼번에 자취도 없다 내 어린 볼기에 푸른 손자국 남겨 첫 울음 울게 한 어머니의 어머니 쑥 냄새 마늘냄새 삼베적삼 서늘한 손길로 손님이 든 내 뜨거운 이마 짚어주던 할머니의 할머니가 백두산 천지 앞에 무릎 꿇은 나를 하늘눈 뜨고 바라본다 백두산 멧부리가 누리의 첫 새벽 할아버지의 흰 나룻처럼 어렵고 두렵다

### 3

하늘과 땅 사이는 애초부터 없었다는 듯 천지가 그대로 하늘이 되고 구름결이 되어 백두산 산허리마다 까마득하게 푸른 하늘 구름바다 거느린다 화산암 돌가루가 하늘 아래로 자꾸만 부스러져 내리는 백두산 천지의 낭떠러지 위에서 나도 자잘한 꽃잎이 되어 아스라한 하늘 속으로 흩어져 날아간다 아기집에서 갓 태어난 아기처럼 혼자 울지도 젖을 빨지도 못한다 온 가람 즈믄 뫼 비롯하는 백두산 그 하늘에 올라 마침내 바로 서지도 못하고 젖배 곯아 젖니도 제때 나지 못할 내 운명이 새삼 두려워 백두산 흰 멧부리 우러르며 얼음빛 푸른 천지 앞에 숨결도 잊은 채 무릎 꿇는다

# 타지마할

이맘때쯤 다시 만나기로 하자
이제 여기서 헤어지고 나면
가을 깊어지고 겨울이 오고
또 몇 백 년 강물이 흐른 뒤
야무나 강이든 갠지스 강이든
저 멀리 남한강이든
그 강물 흘러가는
어디쯤에서 다시 만나기로 하자
손톱 밑으로 빠져나가는
시간의 햇살 따라
벵골만 건너 캘커타 지나
아그라 붉은 태양 아래
흰 대리석으로 빛나는 타지마할
죽은 다음에도 되살아나는
왕과 왕비의 살 냄새 거웃 냄새
또 몇백 년 강물이 흐른 뒤
타지마할의 눈부신 대리석 위에
보름달이 솟을 때
여기쯤에서 만나기로 하자
사랑에는 꼭 이별이 있는 법

저승의 푸른 하늘 아래
대리석이나 오동나무 관이 아니면
관솔구멍이 숭숭 뚫린
소나무 관 속에
금은보화 비단옷이 아니면
무명옷이나 삼베옷 두르고
그도 저도 아니면
청바지 차림으로라도
또 몇백 년
강물이 흐른 뒤
우리들 사랑의 타지마할에서
이맘때쯤 다시 꼭 만나기로 하자

## 서호의 여인

붉은 연꽃 피어오르는 여름 한나절
모두들 땀 뻘뻘 흘리며 그 짓하고 나온 듯
혹은 걷고 혹은 자전거를 타고
서호를 맴돌던 항주의 젊은이들이
해 저물자 모두 연잎 뒤에 숨어버린 듯한
적막한 밤
간이상점의 여주인과 말은 안 통하지만
서로 건네주는 술잔에는
아주 많은 것이 통해서
젖무덤 반쯤 비치는 비단옷 가슴으로
연봉에서 하얀 연심 꺼내 깨트려
술안주로 좋다는 시늉하며
내 입안에 넣어준다
그 짓 다 끝내고 나서 또 보채듯
흐린 전등 아래 눈웃음치는
여인의 긴 머리칼 너머
잠 못 이루는 서호는
붉은 연꽃 밤새 토해내고 있다
겨드랑이 아랫도리 다 젖는 밤에
사랑이란 이렇게 밤이슬 내리듯

대륙이나 반도나 다 같은 것일까
밤중에 홀로 피는 연꽃처럼
뿌리째 물속 깊이 담그고 다 젖은 채
내 손목 잡아끌어 연잎 위에 눕히는
서호의 여인아
왼종일 제 서방한테는 보여주지 않았던
붉은 연꽃 한 송이 되어
내 눈앞에 솟아오른다
호숫가 어둠에 숨어
사랑을 나누던 젊은이들도
자전거 타고 하나둘 사라진 깊은 밤
간이상점의 흐린 전등 아래
여인의 몸은 서호의 물결에 다 젖는다
나도 다 젖는다
연꽃 봉오리
한밤중
서호에서 터진다

## 해후

나일 강 위에 배를 띄우고
물살보다 더 빨리 몇 천 년 거슬러서
순금 투구를 쓰고 에메랄드 눈깔을 하고
어둠 저편 사막의 모래바람 속으로 달아난
그리운 그대를 찾아가는 중이다
퀸 시바 호에 몸을 싣고
룩소에서 아스완까지
비행기에 몸을 싣고
아스완에서 아부심벨까지

왕릉의 계곡에서 만난 투탕카멘도
나일 강 변 아부심벨 신전에서 만난
람세스 2세도
완강한 거부의 몸짓뿐이었다
몇 천 년 전으로 거슬러 올라가는
항해의 닻이 내려질 때도
만나고 싶은 그대는
보이지 않았다

서울로 돌아와 한 달 동안 몸살을 앓고
이제 자리를 털고 일어난
1997년 3월 9일 아침
4천2백 년 만에 지구를 찾아온 혜성이
하늘가에 나타났을 때
나는 비로소 알았다
내가 찾아가던 그대가 바로
4천 년 전 나일 강의 피라밋과
왕릉의 계곡을 비치던
혜성이었음을

달 그림자에 가려진 광막한 하늘로
불꼬리 끌며 지나가는
그대의 뜨거운 몸뚱아리와
나는 드디어 우주적 해후를 했다
앞으로 4천2백 년 후에나
다시 지구를 찾아올 그대를
내 후손들이 잘 알아보도록
이 글을 써서 남기는 바이다

## 태초 후 45억 년


배불러 친정에 온 작은고모의 아랫배 같은
장독대의 간장독에
작은고모의 체온보다 더 뜨거운
조선간장 익을 때
빨랫줄 바지랑대 꼭대기
메밀잠자리 한 마리
쨍쨍한 햇빛 속을 빠르게 지나가는
여우비 꼬리 따라
비행을 시작했다가 이내 내려앉는다

점심때 먹다 남은 찐 감자도
알맞게 쉰내 나서 더 맛있는
여름 한낮 적막한 때
몇백 살 먹은 동구 밖 느티나무가
참매미 울음에 간지럼 타며
조그만 나뭇잎 자꾸 흔들면서
땅 밑으로 천년의 뿌리를 꽝꽝 내린다

간장독처럼 알맞게 따뜻해진
작은고모 뱃속에서는
바깥세상에 무슨 일 났나 하고
번데기 꼬추 하나 꼼지락거린다
별이 되려다가
마음 변한 별 하나
은하계 너머로 미끄러진다

## 접문

그대가 짠 비단옷 입고
1년 만의 해후를 위하여
멀고 먼 우주를 달려갈 때
운석 흩어지는 행성의 불빛이
은하수 물결에 어리고
그대의 입술은
한여름 오디같이 달콤했다
이제 다시
황도 십이궁에 천고의 세월이 흘러
사자별자리가 처녀궁에 들고 있는데
지금 여기는
한반도 서울의 한 모퉁이
하늘의 별빛도 스모그에 지워지고
수은등만 눈물 빛깔로 울고 있는 밤
그대의 젖은 입술
눈에 밟혀
안전띠도 매지 않고
과속으로 달려간다
한강 잠실 나루의 물이랑 높아질 때
짧은 해후를 위하여

간이매점의 500원짜리 블랙커피 마시면서
우리는 천금 같은 입맞춤을 나누자
내 마음에 연필로 그린
은하수 찾아
소나타
검은 소처럼 타고
별빛도 없는 광막한 어둠 속으로
차선 위반해 가며 목마르게 달려간다

## 연애

자가 운전하는 예쁜 여자가
내가 달리는 차선으로
얌체같이 끼어들기하고는
차창 밖으로 흔드는 하얀 손을 보면
무 베어먹듯 그냥 한입 물고 싶다
눈 마주치면 눈흘레나 하고 싶다
뒤에서 들이받을 생각 아예 말고
살가운 접촉사고나 내고 싶다
―지금쯤 고향의 억새밭 물녘에서는
  무지개도 뛰어넘을 만한 힘센 황소가
  녈비에 황금빛 털이 간지럽겠다

밤길에 잽싸게 끼어들기하고는
점멸등 깜박이며 달아나는 차를 보면
반딧불이가 반딧반딧 짝을 찾는 것 같다
나도 한 마리 반딧불이가 되어
하늬바람에 공중제비하고 싶다
홰친홰친하는 낚싯대 펴고
동동거리는 형광 찌 불빛 따라
얄미운 붕어 한 마리 잡고 싶다

―지금쯤 고향 집 지붕에는
 하양 박꽃이 환하게 피어
 은하수까지 다 물들이겠다

# 명사산

명사산 아득한 모래바람 속에서
긴 잠을 주무시는
혜초 스님을 월아천으로 모셔다가
서울에서 가져온
마늘종 고추장 깻잎 안주 삼아서
곡차 몇 잔 마신다

스님의 잠동무 아주 잘해 온
사막의 계집들도 불러내어
꼭두서니빛 꽃을 피우는
낙타초 가에 앉혀두고
스님한테 옛 사직의 흥망을 아뢴다

즈믄 해 동안 잠동무하면서
스님한테 살가운 간지럼 많이나 태운
양젖 냄새 나는 위구르 계집과
말젖 냄새 나는 흉노 계집이
정말 갸륵해
월아천 옥빛 물로 옥가락지 만들어
모래울음 보채는 손가락 손가락에
하나씩 끼워준다

# 사랑 사랑 내 사랑


논배미마다 익어가는 벼 이삭이
암놈 등에 업힌
숫메뚜기의
겹눈 속에 아롱진다

배추밭 찾아가던 배추흰나비가
박넝쿨에 살포시 앉아
저녁답에 피어날
박꽃을 흉내 낸다

눈썰미 좋은 사랑이여
나도
메뚜기가 되어
그대 등에 업히고 싶다

# 4

## 백담사

선정에 든 스님 손바닥에
쉬파리 한 마리가
앞다리 싹싹 비비며 쉬슬고 있다
동자승이 파리채 들고 꼬나 볼 때
아서 아서
부처님이 금빛 손가락 치켜든다
그 사이 항하사만한 시간이 흘러가서
은하수 물녘에 물결이 좀 인다
목숨 건진 쉬파리가
천축 너머 서방정토까지
파리똥 한 번 싸지 않고
광속보다 빠른 속도로 날아갔다가
이내 되돌아와서
스님의 손바닥에 내려앉는다
백담계곡 물소리에 놀라
비오비오 솔개가 운다

## 굴비

수수밭 김매던 계집이 솔개그늘에서 쉬고 있는데
마침 굴비장수가 지나갔다
―굴비 사려, 굴비! 아주머니, 굴비 사요
―사고 싶어도 돈이 없어요
메기수염을 한 굴비장수는
뙤약볕 들녘을 휘둘러보았다
―그거 한 번 하면 한 마리 주겠소
가난한 계집은 잠시 생각에 잠겼다
품 팔러 간 사내의 얼굴이 떠올랐다

저녁 밥상에 굴비 한 마리가 올랐다
―웬 굴비여?
계집은 수수밭 고랑에서 굴비 잡은 이야기를 했다
사내는 굴비를 맛있게 먹고 나서 말했다
―앞으로는 절대 하지 마!
수수밭 이랑에는 수수 이삭 아직 패지도 않았지만
소쩍새가 목이 쉬는 새벽녘까지
사내와 계집은
풍년을 기원하며 수수방아를 찧었다

며칠 후 굴비장수가 다시 마을에 나타났다
그날 저녁 밥상에 굴비 한 마리가 또 올랐다
—또 웬 굴비여?
계집이 굴비를 발려주며 말했다
—앞으로는 안 했어요
사내는 계집을 끌어안고 목이 메었다
개똥벌레들이 밤새도록
사랑의 등 깜박이며 날아다니고
베짱이들도 밤이슬 마시며 노래 불렀다

# 죽음에 관하여

### 1

왼쪽 머리가
씀벅씀벅 쏙독새 울음을 울고
두통은 파도보다 높았다
나뭇가지 휘도록 눈이 내린 세모에
쉰아홉 고개를 넘다가 나는 넘어졌다

하루에 링거 주사 세 대씩 맞고
설날 아침엔 병실에서 떡국을 먹었다
수술 여부를 결정하는 의사가
첩자처럼 병실을 드나들었다

수술받다가 내가 죽으면
눈물 흘리는 사람 참 많을까
나를 미워하던 사람도
비로소 저를 미워할까
나는 새벽마다 눈물지었다

2

두통이 가신 어느 날
예쁜 간호사가 링거 주사 갈아주면서
따듯한 손으로 내 팔뚝을 만지자
바지 속에서 문득 일어서는 뿌리!
나는 남몰래 슬프고 황홀했다

다시 태어난 남자가 된 듯
면도를 말끔히 하고
환자복 바지를 새로 달라고 했다
―바다 하나 주세요
내 입에서 나온 말은 엉뚱했다
―바다 하나요
바지바지 말해도 바다바다가 되었다

언어 기능을 맡은 왼쪽 뇌신경에
순식간에 오류가 일어나서
환자복 바지가
푸른 바다로 변해 버렸다
아아 나는 파도에 휩쓸리는
갸울은 목숨이었다

## 순간

음력 4월 15일
하안거 결제날 아침
백담사 극락보전 부처님께
삼배 올리는 스님을
멀찌가니 뒤에서 바라보다가
한순간
눈시울이 뜨거워졌다
섬돌 위에 스님이 벗어놓은
흰 고무신 한 켤레가
뇌성벽력 치는 하늘로
노 저어가는
작은 돛배처럼 보였다

삼배 올릴 때
무슨 생각했느냐는
나의 물음에
―아무 생각 안 했어
스님은 덤덤히 웃었다
은하수 굽녘까지
한순간에 다녀온 듯
가사자락이 서늘했다

## 낭모칸천


개다리소반의
개다리처럼
낙낙한 걸음으로
오시게나

낙목한천
아득한 서역 길을
진신사리
받들고

낭모칸천 낭모칸천
목 쉰 목탁
두드리며
오시게나

## 미당을 위하여

   1

당신은 내가 한밤중 홀로 마시는
약간 쓰디쓴 매실주 한 잔입니다
빛바랜 습작 노트 갈피에 있는
향나무 냄새나는 몽당연필입니다
'껌정거북표의 고무신짝'이라뇨?
'기러기표 옥양목'이라뇨?
이 기막힌 브랜드가
내 전생의 습작 노트에 적혀 있던
지상과 천상의 이미지라는 것
용용 몰랐죠?

   2

까마득한 신라의 하늘 아래
옛날옛적 당신의 이모 한 분이
우리 동복 오씨 잘생긴 남정네한테
꽃가마에 놋요강 싣고 시집을 왔을까?
당신의 멀고 먼 당숙 한 분이
우리집 밭 부쳐먹고 도지도 안 내고

마늘종보다 싱싱한 사랑의 혓바닥으로
내 아득한 고모의 몸을 홀려냈을까?
당신은 왕겨빛 그리움이죠?
피어오로는 저녁연기―맞죠?

## 불두화

바람결에 자늑자늑 흔들리는
곱슬머리 백발을 한 부처님들이
단체사진 찍고 계신다
부처님들이 떼를 지어
고요한 아침의 나라
애련리 원서헌으로
소풍을 오셨나?
하나 둘 셋, 김치!
가지가 척척 휘도록
부처님들의 곱슬곱슬한 머리통은
참 예쁘게도 크기는 크다
점심공양 알리는 운판이 울면
모란꽃 산목련 이팝꽃
자밤자밤 골고루 넣은
점심공양 맛있게 잡수신다
황사 날리는 날
눈썹도 예쁜 나비보살들이
불두화 송이송이
수련이 벙그는 원서헌 연못물로
머리를 감겨드리면

부처님 큰 머리통에
연못물이 하냥 넘쳐서
실크로드 건너
천축의 설산도 다 적시겠다

## 남근

박달재 마루 도토리묵을 파는 식당 앞에는
어느 파계승이 끌로 깎아 만든
사내의 목조각이 등신대로 서 있다
신장에 비해 더 크게 과장된
길쭉하고 뭉툭한 남근이
석양 아래 반짝반짝 빛난다
관광버스에서 내린
나잇살 잡수신 할머니들이
에구 흉측해, 하면서도
한 손 가득 잡히는 그걸
하도나 만지고 쓰다듬고
호호호호 웃으면서
잘 빠진 귀두 뺨을 어찌나 때렸는지
이젠 오디빛으로 빛나는
저 위대한 남근을 보라
힘차게 밭을 가는
저 빛나는 뿌리를 보라
흙내 나는 구들방에서나
초저녁 원두막에서나
오직 그것 하나 앞세우고

지어미의 허기진 뱃속에
아들딸 암팡지게 씨 뿌렸던
무뚝뚝한 할아버지가
이젠 더 그립다는 듯
관광버스가 빵빵 크락션을 울려도
귀 어두운 할머니들은
오디빛 남근만 어루만지고 있다

## 해피 버스데이

시골 버스정류장에서
할머니와 서양 아저씨가
읍내로 가는 버스를 기다리고 있다
시간이 제멋대로인 버스가
한참 후에 왔다
―왔데이!
할머니가 말했다
할머니 말을 영어인 줄 알고
눈이 파란 아저씨가
오늘은 월요일이라고 대꾸했다
―먼데이!
버스를 보고 뭐냐고 묻는 줄 알고
할머니가 친절하게 말했다
―버스데이!
오늘이 할머니의 생일이라고 생각한
서양 아저씨가
갑자기 노래를 부르기 시작했다
―해피 버스데이 투 유!
할머니와 아저씨를 태운

행복한 버스가
힘차게 떠났다

# 폭설

삼동에도 웬만해선 눈이 내리지 않는
남도 땅끝 외진 동네에
어느 해 겨울 엄청난 폭설이 내렸다
이장이 허둥지둥 마이크를 잡았다
—주민 여러분! 삽 들고 회관 앞으로 모이쇼잉!
  눈이 좆나게 내려부렸당께!.

이튿날 아침 눈을 뜨니
간밤에 또 자가웃 폭설이 내려
비닐하우스가 몽땅 무너져내렸다
놀란 이장이 허겁지겁 마이크를 잡았다
—워메, 지랄나부렀소잉!
  어제 온 눈은 좆도 아닝께 싸게싸게 나오쇼잉!

왼종일 눈을 치우느라고
깡그리 녹초가 된 주민들은
회관에 모여 삼겹살에 소주를 마셨다
그날 밤 집집마다 모과빛 장지문에는
뒷물하는 아낙네의 실루엣이 비쳤다

다음날 새벽잠에서 깬 이장이
밖을 내다보다가, 앗!, 소리쳤다
우편함과 문패만 빼꼼하게 보일 뿐
온 천지가 흰눈으로 뒤덮여 있었다
하느님이 행성만 한 떡시루를 뒤엎은 듯
축사 지붕도 폭삭 무너져내렸다

좆심 뚝심 다 좋은 이장은
윗목에 놓인 뒷물대야를 내동댕이치며
우주의 미아가 된 듯 울부짖었다
—주민 여러분! 워따, 귀신 곡하겠당께!
 인자 우리 동네 몽땅 좆돼버렸쇼잉!

# 5

# 원서헌

소나무 가지에서
한댕한댕 흔들리는
풍경 소리
홋홋하고

낮곁 지나
수련 잠드는 소리
캄캄한
우주를 흔든다

오늘밤
들고양이가
떠돌이별처럼
으앙으앙 울겠다

## 산수화

앞이 보이지 않을 정도로
함박눈이 퍼붓는 날
메두지기 지나 돌테미 다리 건너
쇠음달 길로 접어들면
갈필로 그린 산수화 속으로
그냥 쑥 들어서는 것 같다
설한을 견디는 나뭇가지들은
제 팔목이 시려도
가지 끝에 잠든 새눈을
흰 목화솜으로 덮어주고 있다
여백이 한껏 펼쳐진
절세의 산수화 속에서
산토끼가 귀를 쫑긋 세우고
눈 속에 잠든 봄소식을
귀동냥하고 있다

# 돌

연못가에 돌 하나를 갖다 놓았다
다 썩은 짚가리같이 어둡기도 하고
퇴적되어 생긴 오묘한 결과 틈이
꼭 하느님이 자시다 만 시루떡 같은
충주댐 수몰지역에서 나왔다는 돌,
어느 농가 두엄더미에 무심히 서 있다가
몇십 년 만에 수석쟁이의 눈에 띄어
수석가게 뜰에서 설한풍 견디던 돌,
이끼와 바위솔이 재재재재 자라고
나무뿌리도 켜켜이 엉켜있다
화산과 지진이 지구를 뒤덮고 난 후
태고의 적막을 가르며 달려온 돌,
비 오면 비에 젖고 눈 오면 눈을 맞는
저 아무렇지도 않은 껌껌한 돌을
고즈넉이 바라보는 일은 쏠쏠하기만 한데
물을 주면 금세 파랗게 살아나는 이끼!
검버섯 많은 내 몸에도
무심결에 파란 이끼나 돋아나면 좋겠다

## 아기 공룡 발자국

바닷가 퇴적암에
커다란 발자국 화석으로 남아있는
1억 년 전 공룡의 꿈이
밀물 때는 바닷물에 잠기고
썰물 때 되어서야 모습을 드러낸다
아장아장 걸어 다닌 아기 공룡은
엄마 공룡의 발자국 사이에
또렷한 자욱만 남긴 채
다가올 절멸의 날은 짐작도 못하고
영겁의 우주 속으로 몸을 숨겼을까
아기 공룡이 뛰놀던 바닷가
공룡 발자국 선명한 퇴적암 위에 서서
1억 년 전의 파도소리
듣는다
아아 제천에서 원주까지
천등산에서 치악산까지
나는 무슨 꿈꾸며 걸어 다녔을까
청량리역에서 첫걸음 내딛은
서울살이의 내 발자국은
지금 어디쯤에서

비바람에 지워지고 있을까
다가올 내 운명
가늠도 못하면서
아기 공룡 발자국 화석 위에
내 작은 발자국 놓아본다

## 차일

새벽에 오줌이 마려워서 잠이 깼다
어?
웬일이지?
아직 동도 트지 않았는데
웬 차일을 다 치시나?
어제는 혈당 검사받느라고
피도 꽤 뽑았는데
무슨 기운이 남아서
아닌 꼭두새벽에
내복빛 차일을 다 치시나?
소나기 주룩주룩 퍼붓는
대낮 길가에서도
한밤 막소주 마시는
포장마차 동글의자에서도
불끈불끈 차일을 치던
그 옛날의 청년이
하도 반가워서
잠든 아내
슬쩍 건드려나 볼까 했는데

나 원 참,
볼일 보고 나니
금세 쪼그랑 막불경이가 되네

## 자명종을 재우며

젊은 시절
나를 깨우던 자명종을
이제는 내가 재운다
아침 약속이 있거나
지방에 내려가는 날이면
아침 여섯 시에
자명종을 맞춰놓지만
언제나 내가 먼저 잠이 깨어
뒤늦게 울리는 자명종을 끈다

여행길에서
혼자 호텔에 묵을 때도
늘 모닝콜을 부탁해 놓지만
벨이 울리기도 전에
잠이 깨어
모닝콜 취소 버튼을 누른다
이 세상
다 잠들어 있는 이른 새벽에
나 홀로 잠이 깬다

오늘도 가볍고 쉬운 일만
생겼으면 좋겠다
울지 말고 잘 자라
자명종아
다 쓴 붓
맑은 물에 헹궈서 붓걸이에 걸듯
붓에서 풀리는
흐려지는 먹물처럼
하루해 저물면 좋겠다

## 가시오가피

아침에는 양파 밭에서 놀고
낮결에는 마늘 밭에서 뒹굴다가
저녁 어스름에는
지리산 대나무 숲에 들어가
짠 소금 먹다가 돌아온다
양파즙 한 봉지
흑마늘환 한 움큼
죽염 한 찻숟갈
아침저녁으로 먹지만
혈압은 귀먹었는지
꿈적도 않는다

봄이 오는 소리
아직도 먼 우수날 아침
평균수명을 향하여
앞으로 갓!
혼자 외치면서
가시오가피 즙 하나 따서 마신다
가시오가피 가시오가피
꼭 무슨 별자리 이름인양

주문처럼 외우면서
나도 한 그루
가시오가피 나무가 되어
날카로운 가시 세우고
아득한 은하수 물결을
건너갈까 한다

## 블랙홀


같은 동네에 사는 이종택과 함께
백운지 아래 방학리에 사는
초등학교 동창 김종명이네 집에 놀러 갔다
멍석에 널린 고추가 뙤약볕같이 따갑고
함석지붕에는 하양 박이 탐스러웠다
누렁이 한 마리가 마당에서
제 똥냄새 맡다가 꼬리를 쳤다
찰칵! 한 장 찍고 싶은
우리 농촌의 옛 풍경 속으로
재작년 추석 무렵에 무심코 쑥 들어갔다

안방에서 머리가 하얀 안노인네가 나왔다
어릴 때 친구 집에 놀러 가면
나는 어른들께 답작답작 큰절을 잘했다
그러면 친구 어머니가 씨감자도 쪄주고
보리쌀 안쳐 더운밥도 해주곤 했다
종명이 어머니가 여태 살아계시는구나!
나는 얼른 큰절을 하려고 했다

그 순간 몇 만분의 1초의 시간이 딱 멈추었다
종명이가 제 어머니에게 말하는 소리가
우주에서 날아오는 초음파처럼 아득하게 들려왔다
—임자! 술상 좀 봐!
초등학교 동창 마누라에게 큰절할 뻔한 나는
블랙홀에 빠진 채 허우적거렸다

머리가 하얀 초등학생 셋은
무중력 우주선을 타고
저녁놀 질 때까지 술을 마셨다
—방학리에 왔으니 학 한 마리 잡아다가
  안주로 구워먹자 씨벌!
종택이와 종명이는 내 말에 장단을 맞췄다
—그럼 그렇고 말고지, 네미랄!
광속보다 빠르게 블랙홀을 가로지르는
학을 쫓아가다가
그만 나는 정신을 잃고
종택이 경운기에 실려 돌아왔다

## 감자밭

흙냄새 향기로운 감자밭 이랑에
하양 비닐을 씌우는
농부 내외의 주름진 이마에는
따사로운 봄볕이 오종종하다
서방은 비닐을 앞에서 끌고
아낙은 뒤에서 그걸 잡고 있는데
비닐 끝을 흙으로 덮기도 전에
자꾸 앞으로 나가니까
소를 몰 때 하듯이 아낙이 말한다
―워! 워!
그 말을 듣고
서방이 씩 웃으며 한마디 한다
―워,라니?
흙을 다 덮은 아낙이 말한다
―이랴! 이랴!

신방에 들어가는 새댁처럼
가지런한 감자밭 이랑은
물이랑 되어 찰랑이는 비닐을
비단 홑이불처럼 덮고

제 몸을 어루만져주기를 기다린다
농부 내외는
바소쿠리에 가득한 씨감자 눈을
비닐을 뚫고 하나하나 꾹꾹 심는다
멧돼지와 고라니들이 내려와
감자를 반나마 나눠먹을 테지만
주먹만 한 감자알을 떠올리며
새흙을 덮어 다독여준다
감자밭 이랑은
아기를 잉태한 새댁처럼
다소곳이 엎드린 채
감자알이 여무는
하짓날 긴긴 해를 꿈꾸고 있다

## 설한

장작난로에서
참나무가 참! 참! 하면
소나무도 소! 소! 하는
잣눈이 내린 겨울날

내 살과
뼈
한 줌 재 되는 소리
정말 들린다

물이 끓자
주전자 조동아리
휘휘 휘파람 불며
가쁜 숨 토한다

7할이 물로 된
내 몸
휘파람 부는 소리
정말 잘 들리는
깊은 겨울날

오 탁 번

연 보

1943년 충북 제천시 백운면 평동리 169번지에서 출생.

1958년 백운초등 졸업. 원주중 입학.

1960년 원주고 입학.

1962년 시「걸어가는 사람」학원문학상 당선.

1964년 고려대 영문학과 입학.

1966년 <동아일보> 신춘문예 동화「철이와 아버지」당선.

1967년 <중앙일보> 신춘문예 시「순은이 빛나는 이 아침에」당선.
고대신문 문화상 예술 부문 수상. 고려대「응원의 노래」작사.

1968년 고려대 영문학과 졸업.

1969년 <대한일보> 신춘문예 소설「처형의 땅」당선. 고려대대학원 국문학과 입학.

1971년 정지용 시 연구로 문학석사.
육사 교수부 국어과 교관. 육군 중위.

1973년 육사 교수부 전임강사. 육군 대위.
첫 시집『아침의 예언』(조광).

1974년 육군에서 제대. 수도여사대 전임강사.
첫 창작집『처형의 땅』(일지사).

1976년 수도여사대 조교수.
평론집『현대문학산고』(고려대 출판부).

1977년 창작집 『내가 만난 여신』(물결).

1978년 고려대 국어교육과 조교수.
창작집 『새와 십자가』(고려원).

1981년 고려대 부교수. 창작집 『절망과 기교』(예성).

1983년 고려대 교수. 정지용·김소월 연구로 문학박사.
하버드대학 한국학연구소 객원교수.

1985년 제2시집 『너무 많은 가운데 하나』(청하).
창작집 『저녁연기』(정음사).

1987년 단편 「우화의 땅」으로 제12회 한국문학작가상.
소년소설 『달맞이꽃 피는 마을』(정음사).

1988년 논문집 『한국현대시사의 대위적 구조』(고려대 민족문화연구소).
창작집 『겨울의 꿈은 날 줄 모른다』(문학사상).

1990년 평론집 『현대시의 이해』(청하).

1991년 제3시집 『생각나지 않는 꿈』(미학사).
산문집 『시인과 개똥참외』(작가정신).

1992년 문학선 『순은의 아침』(나남).

1994년 제4시집 『겨울강』(세계사) 출간. 동서문학상(시).

1996년 고려대 교우회관 준공기 지음.

1997년 시 「백두산 천지」로 정지용문학상.

**1998**년 계간시지 ≪시안≫ 창간.
　　　　평론집(개정판)『현대시의 이해』(나남).
　　　　산문집『오탁번 시화』(나남).
**1999**년 제5시집『1미터의 사랑』(시와시학사).
**2002**년 제6시집『벙어리장갑』(문학사상사).
**2003**년 충북 제천시 백운면 애련로 855에 <원서문학관> 개설.
　　　　한국시인협회상.『오탁번 시전집』(태학사).
**2006**년 제7시집『손님』(황금알).
**2008**년 (사)한국시인협회장.
　　　　평론집『헛똑똑이의 시 읽기』(고려대 출판부).
　　　　고려대 교수 정년퇴임.
**2010**년 제8시집『우리 동네』(시안).
　　　　김삿갓문학상. 은관문화훈장.
**2011**년 고산문학상.


**현재** 고려대 명예교수.

## 〚한국대표명시선100〛을 펴내며

　한국 현대시 100년의 금자탑은 장엄하다. 오랜 역사와 더불어 꽃피워온 얼·말·글의 새벽을 열었고 외세의 침략으로 역경과 수난 속에서도 모국어의 활화산은 더욱 불길을 뿜어 세계문학 속에 한국시의 참모습을 드러내게 되었다.
　이 나라는 글의 나라였고 이 겨레는 시의 겨레였다. 글로 사직을 지키고 시로 살림하며 노래로 산과 물을 감싸왔다. 오늘 높아져 가는 겨레의 위상과 자존의 바탕에도 모국어의 위대한 용암이 들끓고 있음이다.
　이제 우리는 이 땅의 시인들이 척박한 시대를 피땀으로 경작해온 풍성한 시의 수확을 먼 미래의 자손들에게까지 누리고 살 양식으로 공급하는 곳간을 여는 일에 나서야 할 때임을 깨닫고 서두르는 것이다.
　일찍이 만해는 「님의 침묵」으로 빼앗긴 나라를 되찾고 잃어가는 민족정신을 일으켜 세우는 밑거름으로 삼았으며 그 기룸의 뜻은 높은 뫼로 솟아오르고 너른 바다로 뻗어나가고 있다.
　만해가 시를 최초로 활자화한 것은 옥중시 「무궁화를 심고자」(≪개벽≫ 27호 1922.9)였다. 만해사상실천선양회는 그 아흔 돌을 맞아 만해의 시정신을 기리는 일의 하나로 '한국대표명시선100'을 펴내게 된 것이다.
　이로써 시인들은 더욱 붓을 가다듬어 후세에 길이 남을 명편들을 낳는 일에 나서게 될 것이고, 이 겨레는 이 크나큰 모국어의 축복을 길이 가슴에 새겨나갈 것이다.

만해사상실천선양회

한국대표명시선100 | 오 탁 번

## 눈 내리는 마을

1판1쇄 발행  2013년 2월 12일
1판2쇄 발행  2015년 6월 27일

지 은 이  오 탁 번
뽑 은 이  만해사상실천선양회
펴 낸 이  이 창 섭
펴 낸 곳  시인생각
등 록 번 호  제2012-000007호(2012.7.6)
주     소  경기도 양평군 옥천면 고읍로 164
           ㉾476-832
전     화  (031)955-4961
팩     스  (031)955-4960
홈 페 이 지  http://www.dhmunhak.com
이 메 일  lkb4000@hanmail.net

값 6,000원

ⓒ 오탁번, 2013

ISBN  978-89-98047-20-7  03810

* 저자와의 협의에 의하여 인지를 생략합니다.
* 이 책의 저작권은 저자와 시인생각에 있습니다.
* 잘못된 책은 책을 구입하신 서점에서 교환하여 드립니다.

※ 이 책은 만해사상실천선양회의 지원으로 간행되었습니다.